AF562626

1829.

PÉTITION

ET

AUX CHAMBRES.

PAR UN ÉLECTEUR DE SEINE-ET-OISE,

AYANT L'HONNEUR DE SOUMETTRE A LA CHAMBRE DES DÉPUTÉS
UN SYSTÈME DE HAUTE ADMINISTRATION
SEUL DÉTERMINANT LA PROSPÉRITÉ NATIONALE.

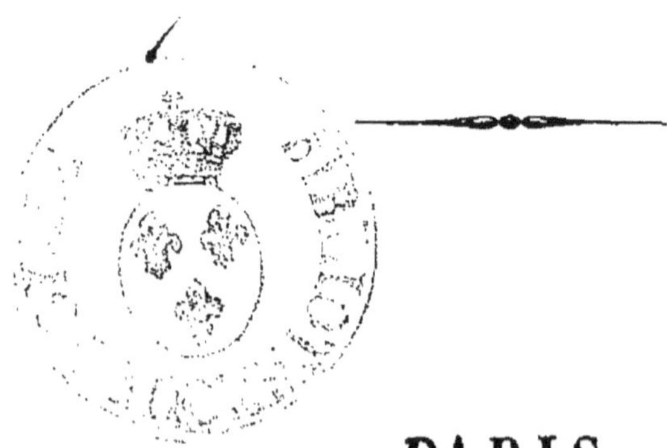

PARIS.

J.-G DENTU, IMPRIMEUR-LIBRAIRE,

RUE DU COLOMBIER, n° 21.

1829.

1829.

PÉTITION AU ROI ET AUX CHAMBRES.

MESSIEURS LES DÉPUTÉS,

M'appuyant sur une noble tradition de famille, ce fut au commencement de l'année 1823 que je produisis un ouvrage ayant pour titre : *Considérations politiques et financières sur la situation des Espagnes, comparativement à celle de la France*, déjà, à cette époque, anticipant sur cet avenir dont nous sommes tous tristes témoins, sur la position actuelle de la France.

Alors je dus m'empresser d'avoir l'honneur

[illegible] à la Chambre des députés. [illegible] l'honorable M. Ravez, son [illegible] m'annonça qu'elle [illegible] bibliothèque. Je [illegible] Messieurs, ne [illegible] développement succinct d'un mode d'administration [illegible] par sa simplicité, ramener la France à sa plus haute prospérité.

[illegible] PAYS.

[illegible] est incompatible [illegible] des impôts indirects, qui, dans [illegible] la prospérité de l'agriculture [illegible] la complication [illegible] sans produits, et qui, par le [illegible] démoralise une [illegible]

Les [illegible] Messieurs, pèchent con[illegible] la répartition, parce qu'ils pè[illegible] sur le pauvre, sans presque [illegible] qui se préserve de toutes les [illegible] au détriment de l'agriculture [illegible] par une raison bien simple, [illegible] circulation des valeurs qui [illegible] sur ces deux parties, sans lesquelles [illegible] ne peut prospérer.

[illegible] Nous ne sommes pas encore

arrivés, en France, à une époque où une assez haute perfection dans l'administra[illegible] puisse permettre de faire adopter [illegible] idées pour le plus grand avantage [illegible]

Les nations sont comme les enfans; elles ne font, en général, que ce qu'elles voient faire; ce qu'elles ont fait, elles le font long-temps, quelquefois toujours: ce n'est point la raison qui les fait changer, c'est la nécessité, le cap[illegible] torité. Le caprice ne corrige rien; [illegible] des abus à des abus, et les désordres s[illegible] croissans. (Tel a été le système de [illegible] temps suivi sous les différens ministères se succédant si inconsidérément.) Mais la nécessité force enfin l'autorité à changer de principes, en menant l'ordre et la prospérité du pays [illegible] universel de la France souffrante peut [illegible] donner cet espoir tant désiré? Nous [illegible] présumer.

Un impôt de subvention générale, [illegible] biné, remplacerait celui de l'impôt indirect, régie qui serait supprimée alors. Je présentais l'avantage comparatif des frais de perception en 1828, par renseignement du cabinet particulier du ministre des finances (sans celui des douanes), la contribution de l'impôt indirect donnant 203,000,000 fr., dont les frais de perception s'élevaient à 47,768,000 fr. Par un autre impôt à d'en faire l'hommage à la Chambre des députés, qui, par l'organe de l'honorable M. Ravez, son Président, le 17 avril 1824, m'annonça qu'elle en avait ordonné le dépôt en sa bibliothèque. Je ne doute pas que votre attention, Messieurs, ne se fixe sur le développement succinct d'un mode d'administration devant, par sa simplicité, ramener la France à sa plus haute prospérité.

PRINCIPES RÉGÉNÉRATEURS DU PAYS.

(*Page* 13.) L'impôt territorial est incompatible avec la levée des impôts indirects, qui, dans l'intérieur, nuisent à la prospérité de l'agriculture et du commerce, puisque la complication diminue toujours leurs produits, et qui, par le mode même de son organisation, démoralise une nation.

Les impôts indirects, Messieurs, pêchent contre l'égalité dans la répartition, parce qu'ils pèsent particulièrement sur le pauvre, sans presque atteindre le capitaliste, qui se préserve de toutes les charges de l'Etat, au détriment de l'agriculture et du commerce, par une raison bien simple, en soustrayant de la circulation des valeurs qui devraient refluer sur ces deux parties, sans lesquelles nul Etat ne peut prospérer.

Alors je disais : Nous ne sommes pas encore

arrivés, en France, à une époque où une assez haute perfection dans l'administration du royaume puisse permettre de faire adopter les plus saines idées pour le plus grand avantage de la France.

Les nations sont comme les enfans; elles ne font, en général, que ce qu'elles voient faire; ce qu'elles ont fait, elles le font long-temps, quelquefois toujours : ce n'est point la raison qui les fait changer, c'est la nécessité, le caprice ou l'autorité. Le caprice ne corrige rien; il substitue des abus à des abus, et les désordres sont toujours croissans. (Tel a été le système depuis long-temps suivi sous les différens ministères se succédant si inconsidérément.) Mais la nécessité force enfin l'autorité à changer de principes, ramenant l'ordre et la prospérité du pays. Le cri universel de la France souffrante peut-il nous donner cet espoir tant désiré? Osons encore le présumer.

Un impôt de subvention générale, bien combiné, remplacerait celui de l'impôt indirect, régie qui serait supprimée alors. Je présentais l'avantage comparatif des frais de perception en 1823, par renseignement du cabinet particulier du ministre des finances (sans celui des douanes), la contribution de l'impôt indirect donnant 203,600,000 fr., dont les frais de perception s'élevaient à 47,703,000 fr. Par un autre impôt à dénommer impôt de subvention générale à établir sur le mobilier personnel, portes et fenêtres, un tarif sur le poids du roulage (sans visite), et à combiner du lieu de départ, sur proportion de valeur des objets pour tarif, en plus d'élévation de droit par quintal, comparativement de valeurs à l'entrée dans les villes, pour destination réelle du déchargement, facile à déterminer du lieu de départ, et près les autorités locales.

Enfin, sur les objets de luxe, comme en Angleterre. Et arrivant à l'économie de perception de ce nouvel impôt de subvention générale, autant que possible dans un même rapport comparatif à celui se trouvant dévolu pour la perception de l'impôt foncier, alors s'établirait une économie dans les frais de perception de cet impôt de droit indirect, économie comparative de 42,506,434 fr., retournant en faveur de la masse générale des consommateurs et des contribuables, dont aussi, par cela même, en économie se ressentirait le roi, même dans sa dépense, les différens ministères sur leurs budgets; les denrées nécessaires à la vie plus modérées en prix, la consommation plus grande, et les revenus les mêmes; pour la perception nécessaire aux villes, soit pour les dépenses de ses hôpitaux dont les biens se trouvent avoir été vendus, au dommage de la nation; le rentier et capitaliste profitant aussi de ce soulagement tournant à l'avantage de tous; aussi à son tour, en bon citoyen, faut-il enfin l'amener au bien-être de la chose publique, par un soulagement indispensable et impérieusement demandé dans l'intérêt du commerce et de l'agriculture (réduction de cette rente, sur laquelle nous reviendrons, après avoir tracé un tableau succinct de la position actuelle de la France).

Que n'aurions-nous pas à développer, sur la perception de l'impôt indirect, se rattachant à la culture des vignobles! Le vœu le plus ardent du vigneron doit être d'obtenir une demi-récolte; plus l'année est abondante, plus la misère est grande; plus il recueille de pièces de vin, plus il a d'impôts à payer, et moins le vin a de prix (c'est ce qu'on a déjà vu en 1781); comme de nos jours des vignes chargées de fruits, abandonnées par le cultivateur, pour se dérober à la surcharge de l'impôt qui l'écrase, surtout dans les années plus abondantes, en raison du moins de vente, et de son bas prix, en disproportion des tarifs de la perception des impôts indirects. Telle était déjà l'opinion qu'en 1823 je développais en cet écrit, appuyé en 1829 par le discours lumineux et remarquable de l'honorable député M. Gautier, de telles idées coïncidant, pour l'avantage, à la plus grande prospérité du pays.

APERÇU SUR LA PROPRIÉTÉ DES VIGNOBLES, ET SUR SON INDUSTRIE AGRICOLE.

Il devient indispensable de considérer le sol des vignobles sur ce double point de vue, culture agricole et industrielle, à laquelle malheureusement le gouvernement a laissé prendre trop de développement, par trop d'extension des bons sols d'origine de culture des céréales, et qu'une sage loi d'Etat aurait dû restreindre par mode administratif. La culture s'en reporte sur le sol plus fertile, plus rapproché des villes consommatrices de ces mêmes produits, obtenus en plus grande quantité, en qualité bien inférieure à ces mêmes sols de coteaux, et se préservant, soit des frais de transport plus rapproché, et de tous ceux s'augmentant par l'éloignement, par la perception de ce droit indirect, se multipliant à l'infini. Il s'ensuit de là que les productions de ces sols, plus arides, sont écrasées de toute manière, en sens contraire de cette égalité proportionnelle devant apprécier le plus ou moins de produit par une distinction frappant par la contribution de l'impôt, en raison surtout de la plus grande quantité des produits résultant dans un classement proportionnel de chaque nature productive du sol; enfin, par une sage combinaison, forcer par le peu d'avantages dévolus à ces territoires vignobles d'origine de culture céréale, à retourner à leur ancienne culture, cet impôt la frappant par une loi bien combinée comme taxe, à déterminer. Dès lors ces mêmes vignobles éloignés du sol du Nord, consommant des vins dont le territoire ne peut avoir emploi pour d'autre culture, se trouveraient plus favorisés dans l'écoulement de leurs produits, se rattachant à l'existence d'une population laborieuse qu'il faut soulager dans son affliction, et ne pas pousser au désespoir.

COUP-D'OEIL SUR LA SITUATION DES TERRES CÉRÉALES EN 1829.

Depuis nombre d'années l'agriculture, par trop de baisse dans ses produits, a éprouvé une gêne parmi presque tous les nouveaux fermiers; cette position les ayant mis hors d'état de continuer, faute de moyens pécuniers, si indispensables à l'agriculture et au commerce. Ces nombreux capitaux, détournés d'un aussi noble emploi par cette désastreuse centralisation, encouragée par un ministre de fâcheuse mémoire, d'administration mercantile et à petite vue.

Les frais d'agriculture s'étant élevés en sens inverse des ventes, des produits, cette année, semblent donner par l'élévation des céréales un avantage considérable à l'agriculture. Dans tout le Nord, elle n'a obtenu environ que moitié des récoltes antérieures, comparatives au battage et produit des grains, et leur augmentation ne déterminant aucun avantage pour les fermiers dont le sol a si peu produit. En France, le prix des céréales ne conservant jamais un juste milieu en prix, soit pour l'intérêt et avantage du consommateur, soit du producteur, payant ou trop ou trop peu, c'est à un gouvernement éclairé par une *intervention prévoyante* du présent et de l'avenir, à adopter un mode d'administration au plus grand avantage général de la population en prix moyen des grains.

Pour les frais d'agriculture, ce qui en détermine surtout l'élévation est celle principalement du prix trop élevé des fers, l'obligeant, comme le commerce et toutes les branches du grand arbre de l'Etat, les différens ministères, soit de la guerre, de la marine, de l'intérieur, à élever leurs dépenses, augmentant d'autant le budget.

L'importation des laines, en sens contraire des fers, par prix moins élevés d'introduction comparative bien méditée, en détermine vente à vil prix, véritable bénéfice du fermier (le troupeau), et jette de plus en plus un malaise dans cette agriculture manquant bientôt de fermiers. Cette introduction a l'avantage éventuel de cette nouvelle aristocratie manufacturière titrée, déjà dominatrice despotique de celle plus secondaire rêvant l'égalité. D'ailleurs, cette première fort cosmopolite, pour obtenir dans le plus grand éloignement à plus bas prix et par gain individuel bien distinct du bien-être de la masse. Cette quantité numérique d'introduction des laines du Nord détermine un encombrement des produits manufacturiers ayant eu l'espoir d'écoulement dans ces contrées d'Amérique favorisées à leur tour de ce vaccin frénétique présenté sous les couleurs mielleuses du libéralisme, ayant englouti ces énormes capitaux de l'ancien continent, au détriment des fortunes commerciales.

Cette position agravante de gêne de l'agriculture, surtout des fermiers assez éloignés de la capitale par consommation des pailles sans échange d'engrais en augmentation de la production par rapprochement, dont ils ne peuvent de même profiter, détermine pour ceux-là une gêne se faisant ressentir déjà à un rayon de quinze lieues de la capitale; les fermes se louent difficilement, ainsi que les terres en détail. On objectera que le propriétaire, comme en Angleterre, cultivera par lui-même : mais en ce pays les terres sont dans les mains d'une aristocratie sans division graduelle (et à l'avenir indéfini du sol en France), et qui par ses richesses peut, une partie de l'année, séjourner dans les villes, y faire beaucoup de dépense par la fixité de cette opulence territoriale, enrichissant à son tour l'industrie commerciale, à laquelle elle donne vie.

Mais pour l'avenir, en France, par cette division insensible du sol et par cette gêne agricole augmentant de plus en plus (sans un autre système de haute administration prévoyante au-delà du moment), doit bien convaincre que le propriétaire à petite portion de territoire, avec gêne de fortune, vivra sur son champ avec pauvreté et privation (en rapprochement au passé de ressouvenir de famille). A cette époque, il ne sera plus question de séjourner dans cette belle capitale, s'embellissant de jour en jour; ces beaux hôtels, à une époque éloignée, alors habités par un seul maître, sont déjà partagés par plusieurs locataires qui se plaignent de ces appartemens spacieux, où pénètre trop d'air consommateur du bois. Depuis, une frénésie industrielle de ces nouvelles constructions venant se soumettre au goût obligé des fortunes par de plus petits locaux, et croyant spéculer avec certitude sur un avenir aventureux de centralisation de population momentanée, insensiblement disparaissant en proportion de celle se reportant forcément au-dehors, et partageant ce même sol. Dans cet avenir, ces appartemens si subdivisés, déjà si difficiles à louer, seront alors abandonnés par la force des circonstances impérieuses qui viennent d'être développées. Alors toute cette industrie commerciale, voyant ses comptoirs dans l'inaction, n'étant plus fréquentés par l'opulence, la misère la plus profonde arrivera, succédera ce morne silence du désespoir d'un présent sans remède, les rues désertes, et l'herbe enfin y croissant. Tel sera le résultat du manque d'appui des fortunes territoriales, dont la consistance seule, pouvant vivifier le commerce et son industrie, donne aussi la vie à une nombreuse population du sol. L'Etat éprouvera à son tour une même catastrophe de revenus, en les basant aussi fictivement sur l'éventualité de ses impôts indirects, disparaissant également par manque de consommateurs (rêve des nouveaux économistes de l'époque actuelle sur la fixité de ses produits), commençant à se développer par recette décroissante du budget.

APERÇU SUR LES DOUANES.

Cette régie est indispensable, doit être assez nombreuse pour que les frontières soient bien surveillées, l'augmenter par partie des employés des droits indirects à supprimer et à reporter sur les emplois pouvant s'appliquer au système d'un impôt de subvention générale, pourrait même s'organiser militairement insensiblement, pour, en cas d'évènement en temps de guerre, être dans les places frontières.

Pour arriver infailliblement à la réduction obligée de nos dépenses, sans diminution même des cadres de l'armée active, en donnant au soldat cette activité, en temps de paix, si nécessaire pour le sortir de cette monotonie si fatigante pour le jeune soldat accoutumé aux travaux agricoles et manufacturiers, qui serait si satisfait en se trouvant employé aux grands travaux de l'Etat, de grande route, de canalisation, impossibles à opérer sans des dépenses énormes. Cette connaissance pratique des mouvemens de terre, si utile soit pour établir des redoutes et retranchemens en temps de guerre, pour lesquels en temps de paix le soldat se prépare par des connaissances pratiques si profitables à l'Etat, au retour dans le foyer paternel; à l'avantage de l'agriculture et de l'industrie, on déterminerait par mois tant de jours de repos et d'exercice, et les autres destinés à des travaux si utiles à l'Etat. Mais il faut aussi récompenser le citoyen dévoué; aussi, jour de travail, jour de haute-paie en sus de la solde ordinaire, avec une réserve destinée à l'armée par caisse de réserve sur l'Etat, assurant un sort à venir aux vieux jours du soldat se reposant de ses fatigues honorables au berceau de sa naissance. Il en résulterait une armée employée utilement en temps de paix, assurant elle-même sa propre existence et conservation active par une économie énorme aux dépenses de l'Etat. Telles sont les vues dont il sera facile de faire l'application bien combinée.

Les fers devenant indispensables aux différentes branches du grand arbre de l'Etat, une modération de prix devient donc inévitable en diminution de ces dépenses (ayant été déjà indiquées), élévation écrasant de son énorme fardeau toutes les industries. A cet effet, les douanes ont besoin d'une révision en modération de tarifs sur les fers étrangers, de charbon végétal, calculés sur l'avantage à pouvoir donner modérément aux fourneaux de fers de notre intérieur. Cette introduction serait en rapport d'échange de nos produits obligés pour la majeure partie d'introduction comparative de valeurs. Dès lors, par un mode aussi simple, donnerait écoulement à la majeure partie de nos vins, eaux-de-vie, et rétablirait avec les nations des relations commerciales, les Etats voisins suivant un même système de bien-être pour la prospérité commune.

Il en résulterait des avantages immenses pour le commerce, l'industrie, l'agriculture, par une économie de frais de fabrication, et donnant au manufacturier le moyen de confectionner à prix plus modéré, rivalisant avec avantage avec une nation voisine ayant main-d'œuvre plus élevée, comparativement à la nôtre. Le budget, par les mêmes avantages, en éprouverait économie dans les immenses dépenses de l'Etat, seulement basé sur l'emploi du fer.

DÉVELOPPEMENT POUR MODÉRATION DE LA DETTE PUBLIQUE.

En grande partie, ce système financier, noble héritage de famille, en 1782, fut médité par feu le comte de Lammerville, mon père. C'est aussi à ceux, s'en étant spécialement occupés, à s'en conserver tout l'honneur par les plus généreux efforts, dès cette époque, pour le bien du pays.

La France entière est dans l'attente d'un changement entier d'économie dans son administration, venant décharger cet énorme budget, toujours croissant, et graduellement au détriment de la prospérité nationale. Des ministres sans fixité se succédant comme des ombres chinoises, et incapables de saisir des grandes vues d'administration, mais guidés seulement par des idées spéculatives de jeu de bourse, sans aborder franchement la question de modération de la dette publique, en s'abandonnant d'une manière si inconsidérée à cet agiotage frénétique au détriment de la fortune publique. Il est vrai, nous laissant admirer cette belle colonnade de la Bourse, captivant l'imagination, mais aussi centralisant sous ses voûtes tous les capitaux du royaume manquant à l'agriculture, au commerce et à toutes les industries sollicitantes, l'intérêt à bas prix, et circulation des capitaux à l'intérieur. Jusqu'à ce moment, le capitaliste de nature cosmopolite, par son peu d'intérêt et obligations aux charges et cas fortuits, survenant à l'Etat. Depuis long-temps, de ce trône de nouvelle architecture, le regard hautain et le cœur dur, compte toujours conserver cette attitude menaçante, et appuyée jusqu'à ce moment et organisée en comité d'agiotage de guerre déclarée envers une nation patiente, témoin de désastres s'accumulant hors des bornes de la prévoyance la plus ordinaire de l'homme.

Une réduction bien combinée de la rente de 5 pour cent à 4 pour cent devient inévitable, par un bien simple rapprochement. Un ministre des finances, comme homme privé, ayant une tutelle, je lui demanderais si les mineurs ayant des créances exigibles à rembourser, et d'un auautre côté, fonds publics pouvant par leurs ventes liquider ces premières, penserait-il devoir les renouveler avec tous les frais de contrat, diminuant d'autant le capital plutôt que de vendre rente à 108, pour libération de ces mêmes mineurs? S'il en agissait autrement, il serait passible de reddition de compte à majorité.

Par un même rapprochement, si l'Etat garde son amortissement sans pouvoir opérer au-dessus du pair 5 pour 100, ainsi qu'il en a été ordonné de si bonne prévoyance de la fortune publique, alors cette dernière est compromise. Mais en prouvant aux rentiers qu'ils ont un même avantage, tous les intérêts alors seront satisfaits. C'est, Messieurs, ce que je crois pouvoir facilement vous démontrer, et de tradition.

Que proposait, en 1782, feu mon père, pour assurer la libération de la dette publique? Ce fut en proposant création de promesses de remboursement ou coupons de rentes à 4 pour 100, au tirage de trois à quatre mille lots à l'hôtel-de-ville, avec un million et demi de l'amortissement, s'appliquant, par combinaison de calcul, comme chance de faveur sur les parties de rentes sortant tous les ans par le sort, et graduellement déterminant la liquidation de la dette à la satisfaction générale. La France peut bien s'appuyer de son crédit appuyé sur son sol, mieux hypothéqué qu'une intervention ruineuse de ces capitalistes étrangers, finissant par disposer de la destinée des empires, par la nécessité fictive d'une intervention inutile et onéreuse pour les Etats.

En arrivant à cette réduction si retardée, ayant déterminé une révolution du pays (donnerait à l'Etat une augmentation de revenu et soulagement au budget), dès lors par un changement général dans le système d'administration si désastreux pour cette France destinée à une si grande prospérité, telle que je l'ai développé en 1823, en l'écrit précité.

Les droits indirects se supprimant, les octrois plus modérés, dès lors le rentier, le propriétaire de terre venant séjourner dans la capitale, vivant à meilleur compte, aussi plus d'économie dans les dépenses de la vie, et de celle nécessaire à la population la plus nécessiteuse, travaillant et consommant davantage (l'estomac du riche, par la création, ne contenant pas au-delà de celui du plus pauvre), et en déterminant modération sur les droits de consommation, les augmentera d'autant à l'avantage commun, et pour la plus grande prospérité nationale (dès lors système vivifiant tout).

DE LA FRANCE ET DE L'ESPAGNE.

Par l'ouvage produit en 1823 (1), sur la restauration des Espagnes lors de la captivité du roi Ferdinand, j'annonçais pour son avenir une prospérité croissante, et se faisant déjà apercevoir

(1) *Considérations politiques et financières sur la situation des Espagnes, comparativement à celle de la France.* Paris, J.-G. Dentu.

miraculeusement. Avec un bon jugement, on devait en augurer ainsi, avec ce peuple appuyé d'une religieuse croyance, ayant contribué par la plus grande énergie et courage, donnant à son tour l'impulsion à cet empire du Nord prêt d'être envahi, ayant fini par anéantir ce puissant conquérant Napoléon. Les incrédules à de telles prévisions, doivent tourner leurs regards vers l'Orient, témoin la lutte de l'empire ottoman (qui aussi a sa croyance).

Ce sol de l'Espagne considéré sans ressources même pour rétablir ses finances, trouve moyen de préparer des expéditions, devant, ainsi que je l'annonçais, lui faire recouvrer insensiblement ses possessions d'outre-mer, appuyé par celles lui étant restées si heureuses et florissantes (pendant que la division est à son comble dans les nôtres par un essai novateur d'administration), ses routes se rétablissent, les auberges sur la route de Madrid sont d'un meilleur gîte que la plupart des nôtres, une canalisation se prépare pour gagner l'embouchure du Tage; ces contrées d'Amérique envisagées comme une terre promise où la manne devrait se ramasser à l'avantage de cette industrie colossale du vieux continent, qui, à la voix d'un Canning, s'entourant de cet Eole menaçant la terre et les élémens sous ce voile perfide, détournant la fortune commerciale de l'Angleterre par l'emploi d'immense capitaux, déterminant catastrophe des fortunes individuelles, ainsi qu'ailleurs, sacrifiée à la rapacité du naturel originaire du sol, déportant, ou égorgeant avec férocité et ironie ces mêmes sectateurs d'une liberté erronée. En cette même année, une catastrophe épouvantable entr'ouvre le sol de cette fertile Murcie, l'imagination en est effrayée. Consoler la misère est impossible avec ce roi sans finances, sans crédit. Un miracle inattendu s'opère, démentant par un fait historique ces clameurs malveillantes d'un royaume considéré sans ressource.

Un roi favorisé de la Providence obtient un trésor devenant inépuisable de charité envers des enfans souffrans; quarante mille boisseaux de grains sont assurés, un million et demi de réaux sortent du trésor royal, un appel est fait à la générosité nationale envers une population souffrante. D'ici à peu, vous saurez ce qu'il a produit de soulagement. Ce roi Ferdinand ayant déjà signalé à l'avance cette générosité envers cette même ville conquise de Gibraltar par une nation d'une autre croyance, elle accepte avec reconnaissance ce pain de bienveillance du chrétien religieux, noble action, qui en peu de temps, détermine un autre noble exemple, l'émancipation de l'Irlande.

Avec notre prospérité en France, un roi bienfaisant, par l'impulsion d'un cœur généreux, pourrait-il trouver un trésor de suite à disposer pour la consolation de tant d'infortunés? (Dieu nous préserve d'une telle épreuve!) car ni le Roi ni les Chambres ne pourraient en ce moment, sans compromettre la fortune publique, augmenter par de nouvelles charges un budget allant toujours en dépenses croissantes, et en revenus de plus en plus décroissant sans le plus prompt changement, d'un système général dans l'administration du pays.

Je n'oserais présager quel serait le résultat comparatif de l'appel national au soulagement d'un évènement tel qu'en Murcie. La division des opinions en France n'a jamais été poussée aussi loin, et une indifférence apathique gagne et refroidit tous les cœurs. Il faut l'attribuer au système de bascule, qui confond le génie du bien et du mal, en voulant se faire des auxiliaires de circonstance. Tel est le tableau véridique de la position comparative de notre belle France en 1829.

DÉVOUEMENT AU PAYS.

Ce fut en 1782, que feu J.-L.-T. d'Heurtault-de-Lammerville (1), page de Louis XV, put dire à l'auguste Louis XVI, à Versailles, dans son cabinet particulier, et à plusieurs reprises, en lui dévelop-

(1) Voyez la Notice insérée dans *le Moniteur* du 28 mars 1823.

pant, à cette époque (un plan de restauration des finances de l'impôt territorial) : « Sire, il dépend de vous d'immortaliser votre règne, l'Europe étonnée doit se courber devant Votre Majesté. » Une aussi riante idée du bonheur du peuple fit palpiter le cœur du bon roi ; mais au lieu, par sa détermination arrêtée à l'avance de porter le fidèle sujet au ministère, par une cabale de cour en 1782, fut exilé et toute sa famille. Il est à croire que dans un meilleur monde, il aura retrouvé le dévoué serviteur, sacrifiant grande partie de sa fortune pour le bien de l'Etat, et devenant aussi victime d'un grand dévouement. Celui qui a l'honneur de s'appuyer de tradition de famille aussi patriotique, dira aussi à ce roi Charles X : « Sire, suivez l'impulsion de votre grand cœur (laissez-vous guider par les amis sincères et indépendans du pays), vous aurez le ressouvenir de ces augustes paroles que vous prononçâtes en mettant le pied sur le sol de la patrie (plus de droits indirects, liberté de commerce dans l'intérieur). » Dès lors ce roi dira à ses ministres : « Suivez la ligne droite de ce panache blanc, qui dirige une grande âme pour le bien public, » en s'entourant de cette haute administration des Sully et des Colbert,

Sauve la France !

D'HEURTAULT-DE-LAMMERVILLE,
membre du Collége électoral de Seine-et-Oise.

www.ingramcontent.com/pod-product-compliance
Lightning Source LLC
LaVergne TN
LVHW010252230826
846091LV00007B/2926

* 9 7 8 2 0 1 1 7 9 0 6 4 4 *